Pe. Thiago Ap. Faccini Paro

O Caminho

Diário Catequético e Espiritual – Crisma

1ª Etapa

Catequizando

"O que nós ouvimos, o que aprendemos, o que nossos pais nos contaram, não ocultaremos de nossos filhos; mas vamos contar à geração seguinte as glórias do Senhor, o seu poder e as obras grandiosas que Ele realizou." (Sl 78,3-4)

Petrópolis

© 2017, Editora Vozes Ltda.
Rua Frei Luís, 100
25689-900 – Petrópolis, RJ
www.vozes.com.br
Brasil
1ª edição, 2017

4ª reimpressão, 2025.

Todos os direitos reservados. Nenhuma parte desta obra poderá ser reproduzida ou transmitida por qualquer forma e/ou quaisquer meios (eletrônico ou mecânico, incluindo fotocópia e gravação) ou arquivada em qualquer sistema ou banco de dados sem permissão escrita da editora.

CONSELHO EDITORIAL

Diretor
Volney J. Berkenbrock

Editores
Aline dos Santos Carneiro
Edrian Josué Pasini
Marilac Loraine Oleniki
Welder Lancieri Marchini

Conselheiros
Elói Dionísio Piva
Francisco Morás
Gilberto Gonçalves Garcia
Ludovico Garmus
Teobaldo Heidemann

Secretário executivo
Leonardo A.R.T. dos Santos

PRODUÇÃO EDITORIAL
Aline L.R. de Barros
Jailson Scota
Marcelo Telles
Mirela de Oliveira
Natália França
Otaviano M. Cunha
Priscilla A.F. Alves
Rafael de Oliveira
Samuel Rezende
Vanessa Luz
Verônica M. Guedes

Diagramação: Ana Maria Oleniki
Revisão: Francine Porfirio Ortiz
Ilustrações: Guto Godoy (Exceto mapa da página 62: © Richardprins)
Capa: Ana Maria Oleniki

Colaboração e agradecimentos
Amanda Carvalho e Lincoln Menezes, Maria José Sales,
Pe. Ronaldo José Miguel, Rosimeire Mendes e Sueli Moreira Pierami.

ISBN 978-85-326-5391-8

Este livro foi composto e impresso pela Editora Vozes Ltda.

Apresentação, 7

O que é o Diário Catequético e Espiritual?, 9

MEUS ENCONTROS DE CATEQUESE, 11

1º Encontro – O Tempo de Deus, 13

2º Encontro – A fé: o que é?, 20

3º Encontro – A Igreja, transmissora da fé, 23

4º Encontro – Da Igreja recebi e como Igreja devo transmitir, 27

5º Encontro – História da Salvação: Deus tem um projeto, 30

6º Encontro – Deus prepara um caminho de salvação, 33

7º Encontro – Jacó e os doze filhos, 37

8º Encontro – José e o ciúme dos irmãos, 41

9º Encontro – A escravidão no Egito, 45

10º Encontro – Moisés e sua missão, 47

11º Encontro – A libertação do Egito e a instituição da Páscoa, 52

12º Encontro – A Páscoa Judaica anualmente celebrada, 55

13º Encontro – A Aliança e as Tábuas da Lei, 58

14º Encontro – A terra prometida e a constituição das doze tribos, 62

15º Encontro – Juízes, Reis e Profetas, 65

16º Encontro – O exílio: a esperança do retorno, 68

17º Encontro – O Messias esperado, 71

18º Encontro – Deus escolhe uma mulher, 73

19º Encontro – Portadores de Deus (visita), 76

20º Encontro – Encarnação: Deus se faz homem, 78

21º Encontro – São José, o homem justo, 80

22º Encontro – Os três magos e os presentes, 83

23º Encontro – Os quatro Evangelhos: vida e ensinamentos de Jesus, 86

24º Encontro – A escolha dos Apóstolos, 88

25º Encontro – O Reino anunciado por Jesus, 91

26º Encontro – Obediência ao Pai, até as últimas consequências, 93

27º Encontro – Pedro nega Jesus, 96

28º Encontro – Do lado aberto de Jesus na cruz, nasce a Igreja, 98

29º Encontro – Em Pentecostes nasce a Missão da Igreja, 100

30º Encontro – Pedro, o primeiro Papa da Igreja, 102

31º Encontro – Os discípulos de Emaús, 104

32º Encontro – As primeiras comunidades, 107

Encontros da Novena de Natal – Somos comunidade!, 109

(II PARTE) MEU DOMINGO, 111

APRESENTAÇÃO

Estimado catequizando,

Iniciamos uma nova fase na busca de compreensão e conhecimento da fé que professamos. Essa nova fase exigirá um pouco mais de esforço e dedicação, pois neste ano refletiremos sobre o plano de amor e salvação que Deus tem a cada um de nós.

Deus, ao longo da história da humanidade, rompeu o seu silêncio e se comunicou com os homens através dos profetas. Revelou-se um Deus criador e misericordioso que perdoa e, acima de tudo, nos ama de maneira incondicional.

No decorrer desta primeira etapa iremos, portanto, buscar compreender a ação de Deus na história da humanidade, como se deu e como se dá o nosso relacionamento de homens e mulheres com Ele.

Que este seja um "Tempo Kairótico", isto é, um tempo oportuno da graça de Deus em sua vida, no qual em cada encontro e tema refletido torne-se possível você se aproximar de Deus e do seu amor. Este tempo não voltará, portanto não o desperdice... Aproveite ao máximo cada minuto!

Receba meu abraço com minha oração e bênção,

Pe. Thiago Ap. Faccini Paro

O QUE É O DIÁRIO CATEQUÉTICO E ESPIRITUAL?

Este Diário é um rico instrumento que o ajudará na compreensão dos temas refletidos na catequese. Ao longo das atividades de cada encontro você será questionado sobre como vivenciar melhor sua fé, colocando em prática os mandamentos e ensinamentos de Jesus e da Igreja.

Portanto, dedique um pouco do seu tempo para pensar e meditar sobre cada assunto, pois eles com certeza o ajudarão a avaliar suas opiniões e ações, transformando a sua vida e todo o seu ser.

COMO USAR O DIÁRIO CATEQUÉTICO E ESPIRITUAL?

Além de usá-lo nos encontros de catequese, ao término deles procure um local calmo e tranquilo, tendo em mãos seu Diário e sua Bíblia.

Releia atentamente o texto bíblico meditado no encontro e recorde o tema e os principais assuntos discutidos. Em seguida analise cada pergunta e atividade, respondendo-as com a sinceridade do seu coração. Lembre--se de que suas respostas não serão dirigidas ao seu catequista, mas primeiramente a você mesmo e a Deus.

Este é um momento oportuno em sua vida para colocar-se na presença de Deus e com Ele dialogar. Não tenha medo de conversar com Ele e de ouvi-Lo. Mais do que ninguém, Deus quer você pertinho Dele.

O QUE TEREMOS ESTE ANO NA CATEQUESE?

No Diário desta nova fase apresentamos apenas as atividades relacionadas aos temas refletidos nos encontros de catequese. Ainda, no final de cada encontro, você terá um espaço para suas intenções e orações pessoais.

Os temas são um convite para olhar a "linha do tempo" da história da humanidade, conhecendo inúmeros homens e mulheres que, nas suas limitações, disseram sim ao projeto de Deus e dedicaram suas vidas na construção de um mundo mais fraterno e justo.

Portanto, iniciaremos refletindo sobre a fé, combustível que alimentou o sim e a adesão daqueles que Deus escolheu e chamou para o seu serviço. Em seguida conheceremos alguns desses personagens, começando por Abraão, nosso pai na fé, percorrendo a história por Isaac, Jacó, José do Egito, Moisés, João Batista, Maria, Isabel, José carpinteiro, Pedro, os Apóstolos e os Discípulos Missionários que hoje, pela força do Batismo, constituem a Igreja de Cristo, ou seja, EU e VOCÊ!

Espero que esta etapa seja, para você, uma aventura de conhecimento, descobertas, amadurecimento e comprometimento com o anúncio de Cristo e do Reino de Deus, a exemplo daqueles que nos precederam.

I Parte

Meus encontros de catequese

1º Encontro — O Tempo de Deus

> Tudo neste mundo tem seu tempo; cada coisa tem sua ocasião. Há um tempo de nascer e tempo de morrer; [...] Há tempo de ficar triste e tempo de se alegrar; tempo de chorar e tempo de dançar. (cf. Ecl 3,1-8)

LEIA e MEDITE o texto de Ecl 8,1-15.

O sábio autor do livro de Eclesiástico escreve que, debaixo do céu, há momento para tudo e tempo certo para cada coisa... Hoje podemos não compreender tudo o que acontece em nossas vidas ou no mundo, mas de uma coisa nós cristãos temos certeza: cada dia é um tempo kairótico, ou seja, um tempo oportuno para nos encontrarmos com Deus.

13

É hora de PENSAR e REGISTRAR o meu encontro

No dia a dia realizamos muitas coisas. Algumas delas fazemos sem perceber quanto tempo ocupam.

Você já parou para refletir como usa o seu tempo?

» Que tal realizar um levantamento sobre o uso do seu tempo? Para isso, por no mínimo dois dias, use a tabela para registrar suas atividades da seguinte forma:

Na primeira coluna anote o horário do início da atividade.

Na segunda coluna anote a atividade realizada.

Na terceira coluna anote o tempo dedicado à atividade.

INÍCIO — ATIVIDADE — DURAÇÃO

Procure registrar todas as atividades, mesmo aquelas mais simples, como falar ao telefone, usar as redes sociais ou fazer uma breve pausa para refeições.

Sugestão: Se desejar, elabore uma tabela e faça o registro de todas as suas atividades no decorrer da semana.

» Analise com atenção todas as atividades realizadas ao longo de um dia e reflita:

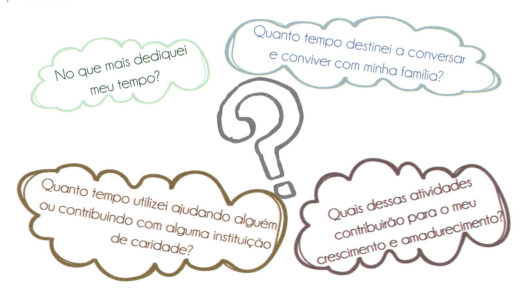

» Observe quanto tempo você dedicou à oração pessoal e comunitária, relacionando-se com Deus e com seus irmãos na fé.

Destaque cinco motivos ou obstáculos que impedem você de melhor se dedicar a um relacionamento com Deus.

1. _____
2. _____
3. _____
4. _____
5. _____

Diante de sua reflexão você é convidado a melhor gerenciar e aproveitar seu tempo, selecionando ações e atividades prioritárias para seu crescimento pessoal e amadurecimento no relacionamento com Deus e com a comunidade de fé.

» Escreva ao redor da ampulheta três palavras que expressem ao que ou a quem você precisa dedicar mais o seu tempo.

 É hora de PENSAR e AGIR!

➤ Em que esse encontro e as atividades do Diário o ajudaram?

➤ Qual mensagem tira dessas reflexões para a sua vida?

» Faça um planejamento descrevendo o que precisa realizar para usar melhor o seu tempo.

Planejando como preciso usar o meu tempo.

SEUS PEDIDOS E INTENÇÕES DE ORAÇÃO DA SEMANA

Descreva motivos, situações e pessoas por quem quer rezar.

2º Encontro — A fé: o que é?

> Jesus acordou, repreendeu o vento e disse ao mar: "Silêncio! Calma!". O vento parou e se fez grande calma. E Jesus disse aos discípulos: "Por que estais com tanto medo? Ainda não tendes fé?" (Mc 4,35-40)

LEIA e MEDITE os textos sinóticos destes Evangelhos: Mt 8,23-27 e Lc 8,22-25.

Chamamos de Evangelhos Sinóticos os de Mateus, Marcos e Lucas por serem muito semelhantes, contendo grande quantidade de histórias em comum e a mesma sequência.

A fé é acreditar no impossível, naquilo que não se vê, não se explica… É ter a certeza de que onde não existe solução Deus, no seu tempo, agirá. E muito mais que isso, é ter a firme convicção de que Deus tem um plano de amor e salvação para todos nós, revelado e cumprido por Jesus. A nossa fé é o combustível que nos faz mover até o céu.

É hora de PENSAR
e REGISTRAR o meu encontro

» Você já viveu momentos nos quais teve a sensação de que Deus lhe tinha abandonado? Como superou esses momentos?

_____
_____
_____
_____
_____
_____

» Quais momentos e ocasiões mais precisou exercitar a sua fé, de modo que pôde perceber a ação de Deus em sua vida, que, que deve ser sempre testemunhada?

_____
_____
_____
_____

» Enquanto esteve vivendo esses momentos de dificuldade, que pensamentos invadiram sua mente? Como lidou com eles?

>> Você se reconhece como uma pessoa de fé? Justifique.

SEUS PEDIDOS E INTENÇÕES DE ORAÇÃO DA SEMANA

Descreva motivos, situações e pessoas por quem quer rezar.

3º Encontro — A Igreja, transmissora da fé

> O Espírito Santo disse a Filipe: "Aproxima-te e acompanha aquele carro". Felipe acelerou o passo. Ouvindo que lia o profeta Isaías, perguntou: "Será que estás entendendo o que lês?" Ele respondeu: "Como é que vou entender se ninguém me orienta?" (At 8,29-31)

LEIA e MEDITE o texto de At 8,26-40.

Desde a criação do mundo, Deus se revelou à humanidade e através dos tempos manifestou seu amor a ponto de entregar o seu próprio Filho por amor a cada um de nós. A fé da humanidade neste Deus onipotente sobreviveu através dos séculos e foi passada de geração para geração. Com a vinda de Cristo e o nascimento do cristianismo, a Igreja se inicia com os primeiros discípulos que assumem com fidelidade e sem medo o mandato de Jesus de ir e anunciar o Evangelho a todos os povos (cf. Mc 16,15). Com isso, a Igreja formada por todos nós torna-se a transmissora da fé.

É hora de PENSAR
e REGISTRAR o meu encontro

» Por que a Igreja é a guardiã e depositária da fé?

_____

_____

_____

» Sublinhe no texto tudo o que é preciso realizar para viver e fortalecer a sua experiência de fé.

A fé é um ato pessoal: a resposta livre do homem à iniciativa de Deus que se revela. Ela não é, porém, um ato isolado. Ninguém pode crer sozinho, assim como ninguém pode viver sozinho. Ninguém deu a fé a si mesmo, assim como ninguém deu a vida a si mesmo. O crente recebeu a fé de outros, deve transmiti-la a outros. Nosso amor por Jesus e pelos homens nos impulsiona a falar a outros de nossa fé. Cada crente é como um elo na grande corrente dos crentes. Não posso crer sem ser carregado pela fé dos outros, e pela minha fé contribuo para carregar a fé dos outros. 'Eu creio': esta é a fé da Igreja, professada pessoalmente por todo crente, principalmente pelo batismo. 'Nós cremos': esta é a fé da Igreja confessada pelos bispos reunidos em Concílio ou, mais comumente, pela assembleia litúrgica dos crentes. 'Eu creio' é também a Igreja, nossa Mãe, que responde a Deus com sua fé e que nos ensina a dizer: 'eu creio', 'nós cremos'. (CIC §167)

» Por que não podemos viver a fé sozinhos? Qual a importância de viver em comunidade?

_____

_____

_____

_____

» Faça algumas entrevistas e descubra histórias e testemunhos de pessoas que, após algum tempo de afastamento da comunidade, retornaram. Descreva os motivos de seu retorno.

_____
_____
_____
_____
_____
_____

» Liste três situações que tenham despertado em você o desejo de não participar da comunidade, descrevendo o porquê.

» Converse com pessoas de sua comunidade e reúna algumas histórias e testemunhos em que a fé as ajudou a superar as dificuldades. Depois, registre em forma de notícia dando sua opinião sobre as situações. Aproveite para conversar com sua turma de crisma sobre isso.

25

>> Agora analise as suas três situações e descreva o que você fez, ou pode fazer, para mudar cada uma delas a exemplo dos testemunhos que ouviu. Depois, relacione atitudes que motivem as pessoas a participarem mais e melhor da vida em comunidade.

_____
_____
_____
_____
_____
_____
_____
_____
_____
_____
_____
_____
_____

SEUS PEDIDOS E INTENÇÕES DE ORAÇÃO DA SEMANA

Descreva motivos, situações e pessoas por quem quer rezar.

4º Encontro — Da Igreja recebi e como Igreja devo transmitir

O que ouvimos e aprendemos, o que nossos pais nos contaram, não o ocultaremos aos seus descendentes, mas o transmitiremos à geração seguinte: os feitos gloriosos do Senhor, seu poder e as maravilhas que fez...
(Sl 78,3-4)

LEIA e MEDITE o texto do Sl 78,1-7.

A Igreja, da qual hoje fazemos parte pelo Batismo, há mais de dois mil anos não se cansa de transmitir a fé de geração em geração. Se vivemos a fé hoje é porque alguém a transmitiu. O futuro da Igreja e desse anúncio cabe a cada um de nós. As gerações seguintes só conhecerão a fé se verdadeiramente a viverem como Igreja e se a testemunharem com a própria vida.

É hora de PENSAR e REGISTRAR o meu encontro

? Do que depende o futuro da Igreja?

» Diante das atitudes apresentadas no Salmo 78, responda:

➤ O que posso fazer para transmitir a fé e quais os meios que disponho para isso?

Ouvir

Aprender

Não ocultar

Transmitir

➤ Quais foram as mensagens que você recebeu ao longo de sua vida a respeito da fé e que podem ser multiplicadas?

Diante de tudo o que foi refletido no encontro de catequese e das sugestões de gesto concreto, oferecidas por seu catequista, organize com seus amigos iniciativas para comunicar o valor da fé em Deus. Registre as ideias e os meios necessários para que isso aconteça.

SEUS PEDIDOS E INTENÇÕES DE ORAÇÃO DA SEMANA

Descreva motivos, situações e pessoas por quem quer rezar.

5º Encontro — História da Salvação: Deus tem um projeto

> De sua descendência, segundo a promessa, Deus fez sair para Israel um salvador, Jesus. (At 13,23)

LEIA e MEDITE o texto de At 13,16-23.

Desde a criação do mundo e do pecado do homem, Deus propõe um Projeto de Salvação e o revela aos poucos à humanidade, apresentando um caminho de arrependimento, reconhecimento, conversão e aliança. No tempo oportuno, Deus se revela plenamente ao enviar seu Filho único, Jesus Cristo.

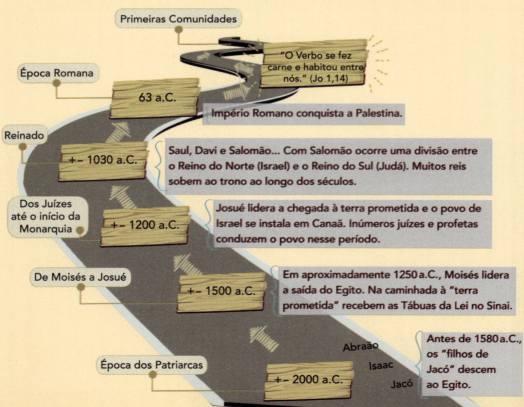

LINHA DO TEMPO NARRADA PELA SAGRADA ESCRITURA

- **Primeiras Comunidades** — "O Verbo se fez carne e habitou entre nós." (Jo 1,14)
- **Época Romana** — 63 a.C. — Império Romano conquista a Palestina.
- **Reinado** — +- 1030 a.C. — Saul, Davi e Salomão... Com Salomão ocorre uma divisão entre o Reino do Norte (Israel) e o Reino do Sul (Judá). Muitos reis sobem ao trono ao longo dos séculos.
- **Dos Juízes até o início da Monarquia** — +- 1200 a.C. — Josué lidera a chegada à terra prometida e o povo de Israel se instala em Canaã. Inúmeros juízes e profetas conduzem o povo nesse período.
- **De Moisés a Josué** — +- 1500 a.C. — Em aproximadamente 1250 a.C., Moisés lidera a saída do Egito. Na caminhada à "terra prometida" recebem as Tábuas da Lei no Sinai.
- **Época dos Patriarcas** — +- 2000 a.C. — Abraão, Isaac, Jacó — Antes de 1580 a.C., os "filhos de Jacó" descem ao Egito.

É hora de PENSAR e REGISTRAR o meu encontro

» Retome o texto bíblico de At 13,16-23, meditado no encontro de catequese, e complete a linha do tempo com os dados fornecidos por Paulo em sua pregação.

» Ainda no capítulo 13 do livro de Atos dos Apóstolos, releia e medite os versículos 24 a 39, então registre o que Paulo fala de Jesus.

_____
_____
_____
_____
_____
_____

A linha do tempo apresentada é apenas um resumo da história do povo de Israel e do seu relacionamento com Deus. Porém, muitos outros fatos estão descritos na Sagrada Escritura. As datas são aproximadas, mas nos oferecem uma ideia de toda essa trajetória.

» Agora é com você: procure no final de sua Bíblia o quadro cronológico ou a tabela com os fatos bíblicos e observe alguns desses acontecimentos até chegar em Jesus Cristo. Registre o que mais chamou sua atenção.

Para PENSAR e CONSTRUIR

Elabore a linha do tempo de sua vida cristã. Para isso coloque os períodos (anos, décadas...) e os acontecimentos marcantes (sacramentos, festividades...) da experiência cristã de sua família, desde a sua entrada na vida da Igreja.

SEUS PEDIDOS E INTENÇÕES DE ORAÇÃO DA SEMANA

Descreva motivos, situações e pessoas por quem quer rezar.

6º Encontro — Deus prepara um caminho de salvação

> Depois estendeu a mão e tomou a faca para imolar o filho. Mas o anjo do Senhor gritou dos céus: "Abraão! Abraão!" Ele respondeu: "Aqui estou!" E o anjo disse: "Não estendas a mão contra o menino e não lhe faça mal algum". [...] Abraão ergueu os olhos e viu um carneiro preso pelos chifres num espinheiro. Pegou o carneiro e ofereceu-o em holocausto em lugar do filho... (Gn 22,10-13)

LEIA e MEDITE o texto de Gn 22,1-18.

Nos capítulos 12 a 25 do livro de Gênesis encontramos a história de Abraão, um homem escolhido por Deus para formar uma nova raça, um povo eleito. Abraão ouviu as palavras do Senhor e nelas acreditou. Tomando sua mulher, Sara, partiu...

No tempo certo, Deus, na sua infinita paciência e misericórdia, dirige-se novamente a Abraão e lhe reafirma a promessa de numerosa descendência. Ele lhe dá o primeiro filho, Isaac. Passados alguns anos, Abraão novamente escuta a voz de Deus a lhe pedir para sacrificar Isaac por amor a Ele. Deus põe Abraão à prova...

No alto do monte, onde Deus havia indicado, Abraão ergue o altar, coloca a lenha em cima e amarra o filho Isaac para o sacrifício. Mas quando ergue a faca, Deus intervém e diz através de um anjo: "Abraão! Abraão! [...] Não estendas a mão contra o menino e não lhe faça mal algum. Agora sei que temes a Deus, pois não me recusastes teu único filho" (Gn 22,12). Com esse episódio surge a concepção do RESGATE. Deus intervém na história e resgata Isaac da morte, apresentando o cordeiro a ser sacrificado em seu lugar.

Assim acontece com Cristo. Para RESGATAR a humanidade da morte do pecado, Deus entrega seu Filho em nosso lugar. Cristo se torna o Cordeiro que tira o pecado do mundo. Como resgatou Isaac da morte, Deus providencia o próprio Filho para nos salvar e nos resgatar da morte eterna.

É hora de PENSAR
e REGISTRAR o meu encontro

» Para que Deus escolhe Abraão e, num determinado momento, lhe dá um novo nome?

A subida com Isaac até o monte foi necessária para que Deus pudesse curar o coração de Abraão. Quantas coisas acontecem em nossa vida e não sabemos por quê ou para quê, não é?

Recorde fatos que aconteceram na sua vida que você pode não ter entendido, ou entendeu-os posteriormente. Registre as coisas positivas que aprendeu com isso ou ocasiões que possam tê-lo fortalecido.

Por que Jesus é o "Cordeiro de Deus que tira o pecado do mundo"?

_____

_____

_____

_____

_____

>> Como você se sente diante do fato de Jesus ter se doado para nos resgatar, para nos salvar?

_____

_____

_____

_____

_____

_____

_____

SEUS PEDIDOS E INTENÇÕES DE ORAÇÃO DA SEMANA

Descreva motivos, situações e pessoas por quem quer rezar.

7º Encontro — Jacó e os doze filhos

> Mas Jacó respondeu: "Não te soltarei se não me abençoares". E o homem lhe perguntou: "Qual é o teu nome?" – "Jacó", respondeu. E ele lhe disse: "De ora em diante já não te chamarás Jacó, mas Israel, pois lutastes com Deus e com homens e venceste". E Jacó lhe pediu: "Dize-me, por favor, teu nome". Mas ele respondeu: "Para que perguntas por meu nome?" E ali mesmo o abençoou...
> (Gn 32,27-30)

LEIA e MEDITE o texto de Gn 32,25-30.

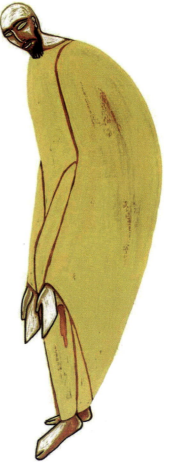

O texto bíblico retrata o fato de Jacó estar retornando para a terra de seu pai, Isaac, onde deseja encontrar seu irmão Esaú para se reconciliar após inúmeros episódios de rivalidade. Nessa caminhada de volta, sozinho na madrugada, Jacó trava uma luta corpo a corpo com um homem misterioso, que revela ser Deus e o deixa vencer diante da sua perseverança. No entanto, Deus o feriu na coxa para que passasse a depender da sua ajuda e bênçãos, e não mais de trapaças. Ainda, Deus mudou seu nome de Jacó para Israel, que significa "aquele que luta com Deus". Os descendentes de Jacó, após esse episódio, passam a ser chamados e identificados como Israel, isto é, aqueles que lutam com Deus.

Isaac, filho de Abraão, casou-se com Rebeca e teve dois filhos gêmeos: Esáu e Jacó. Esaú era um bom caçador e filho preferido de Isaac. Já Rebeca gostava mais de Jacó. Esaú era o mais velho e deveria, conforme o costume, receber a benção paterna. Quando chegou o tempo de Isaac transmitir a benção para Esaú, o filho mais velho, eis que Jacó, ajudado por sua mãe, engana-o para que, debilitado pela velhice e já sem enxergar, Isaac abençoe-o ao invés do irmão. Assim, Jacó recebe a benção no lugar do seu irmão, que fica muito bravo quando descobre sua trapaça e o jura de morte.

Rebeca, temendo a briga dos filhos, aconselha Jacó a sair de casa e voltar quando o irmão mais velho tivesse se acalmado. Anos depois, Jacó retorna e, selando a aliança com Deus, torna-se pai de doze filhos, que darão origem ao povo de Israel.

É hora de PENSAR
e REGISTRAR o meu encontro

» O que significa dar um novo nome a uma pessoa na Bíblia e na tradição da Igreja?

_____

_____

_____

_____

_____

» Por que Jacó recebe o nome de Israel?

» O número dos filhos de Jacó se tornará simbólico e representará todo o povo escolhido. O próprio Jesus escolheu doze discípulos... Diante disso, faça uma breve pesquisa e registre o que simboliza o número doze para nossa fé.

» Você alguma vez foi privilegiado com algo que um irmão, primo ou amigo não recebeu? Como se sentiu com isso?

» Para conseguir algo, você já mentiu ou trapaceou? Como se sentiu sabendo que conseguiu isso como fruto de uma mentira/trapaça?

O texto bíblico retrata algumas situações necessárias à vida do cristão:

➤ Desejo de encontrar alguém e com ele se reconciliar.

➤ Vencer diante da perseverança.

➤ Reconhecer a dependência da ajuda de Deus.

Como essas situações acontecem na sua experiência de cristão?

_____

_____

_____

_____

_____

_____

_____

_____

SEUS PEDIDOS E INTENÇÕES DE ORAÇÃO DA SEMANA

Descreva motivos, situações e pessoas por quem quer rezar.

8º Encontro — José e o ciúme dos irmãos

> Os irmãos, percebendo que o pai o amava mais do que a todos eles, odiavam-no e já não podiam falar-lhe amigavelmente. [...] Ao passarem os mercadores madianitas, tiraram José da cisterna e por vinte moedas de prata o venderam aos ismaelitas, e estes o levaram para o Egito. (Gn 37,4.28)

LEIA e MEDITE os capítulos 37 a 46 do livro de Gênesis.

José, filho mais novo de Jacó, tinha um dom especial: podia interpretar sonhos. Seus irmãos tinham ciúmes e já não suportavam mais conviver com ele, então o venderam como escravo. José chega ao Egito, onde se torna um grande governador e homem de confiança do Faraó. Passados alguns anos, Jacó e todos os seus filhos foram assolados pela seca e pela falta de comida, previstas pelo sonho e interpretação de José. Isso faz com que dez de seus irmãos viajem ao Egito em busca de alimento e precisem negociar com José, a quem não reconhecem. Mas José os reconhece e, como num jogo, faz seus irmãos se recordarem de seu pecado, de terem forjado a sua morte e de tê-lo vendido ao Egito. Faz com que se responsabilizem por Benjamim, o filho mais novo, ao qual Jacó se apegou com o sumiço de José. Depois de idas e vindas, como nos narram os capítulos 42 ao 45 do livro de Gênesis, José se dá a conhecer aos irmãos e estes ficam estarrecidos com a revelação.

José perdoa-os e seus irmãos trazem o pai, Jacó, até o Egito para reencontrar o filho querido. Ali, Jacó e seus descendentes se instalam e permanecem no Egito por um longo tempo.

É hora de PENSAR e REGISTRAR o meu encontro

» O que mais gostou na história da reconciliação de José e seus irmãos? Registre.

_____

_____

_____

_____

_____

_____

» José tinha um dom especial. E você, quais são os seus dons, as suas qualidades? Descreva-os.

» Os irmãos tinham para com José o sentimento de inveja. O que causava este sentimento?

_____

_____

_____

_____

_____

_____

» Diante dos seus dons e das suas qualidades, você precisa ter inveja dos outros? Sim, não, por quê?

» José, ao invés de se revoltar contra os irmãos, procurou ver o lado positivo de todos os acontecimentos e os perdoou. Qual a importância de olharmos sempre o lado bom dos acontecimentos?

_____

_____

_____

_____

_____

_____

» Existe alguém que você precisa perdoar? Ou alguém que lhe tenha feito algum mal? Assim como José, hoje Deus lhe dá a oportunidade de enfrentar a sua história e perdoar os que o magoaram. Escreva uma oração de perdão e reze por todos que lhe fizeram algum mal.

Nos tempos bíblicos...

O Egito era um país cortado por um grande rio, o Nilo. Esse rio tinha inundações regulares que o levavam a depositar uma lama fértil todos os anos, proporcionando uma abundante e garantida colheita. O povo faminto que se refugiava no Egito encontrava terras bem cultivadas, canais de irrigação ricos em peixes. Além disso, encontrava também grandes edifícios e um povo extremamente organizado sob o domínio do Faraó, um rei que era também considerado filho do deus Sol.

SEUS PEDIDOS E INTENÇÕES DE ORAÇÃO DA SEMANA

Descreva motivos, situações e pessoas por quem quer rezar.

9º Encontro — A escravidão no Egito

> A mulher levou o menino e o criou. Quando o menino estava crescido, levou-o à filha do Faraó, que o adotou como filho. Deu-lhe o nome de Moisés, pois disse: "Eu o tirei das águas!" (Ex 2,9-10)

LEIA e MEDITE os capítulos 1 e 2,1-10 do livro do Êxodo.

Moisés, ao nascer, é escondido por sua mãe para não ser jogado no rio e morrer, como ordenado pelo Faraó. Quando sua mãe não podia mais escondê-lo, trama um plano: coloca-o numa cesta às margens do rio para ser encontrado pela filha do Faraó. O plano dá certo, e a mulher adota o menino como filho e lhe dá o nome de Moisés. Ele cresce no palácio junto aos egípcios... Sua vida foi poupada, pois desde o seu nascimento Deus já lhe tinha um projeto: conduzir seu povo em busca da libertação.

É hora de PENSAR
e REGISTRAR o meu encontro

» O que levou o rei do Egito a escravizar os hebreus?

_____

_____

_____

_____

» Podemos dizer que esse é o mesmo motivo para hoje existir tanta guerra e tanto ódio entre alguns grupos que lutam por poder?

_____

_____

_____

_____

» Quais as situações, hoje, que podem nos escravizar e o que podemos fazer para construir uma sociedade mais fraterna?

SEUS PEDIDOS E INTENÇÕES DE ORAÇÃO DA SEMANA

Descreva motivos, situações e pessoas por quem quer rezar.

10º Encontro — Moisés e sua missão

> O Senhor lhe disse: "Eu vi a opressão de meu povo no Egito, ouvi os gritos de aflição diante dos opressores e tomei conhecimento de seus sofrimentos. Desci para libertá-los das mãos dos egípcios e fazê-los sair desse país para uma terra boa e espaçosa, uma terra onde corre leite e mel [...] E agora vai, que eu te envio ao Faraó para que libertes meu povo, os israelitas, do Egito". (Ex 3,7-10)

LEIA e MEDITE do capítulo 2,11 ao capítulo 7,13 do livro de Êxodo.

Enquanto pastoreava o rebanho do sogro, Moisés vê no monte Horeb uma sarça envolvida por uma chama de fogo que não a consumia. Ao se aproximar para ver melhor o que era, Moisés escuta uma voz e redescobre o Deus de seus pais. Ele é convidado a tirar as sandálias em respeito à presença de Deus. Esse gesto é um sinal de humildade e reconhecimento da grandeza do Senhor. Nesse encontro, Deus revela a Moisés seu plano de libertação e lhe envia ao Faraó para falar em seu nome e do seu povo.

47

É hora de PENSAR e REGISTRAR o meu encontro

» Quem é Aarão e por que Deus o envia junto a Moisés ao Faraó?

» Você ou alguém que conhece já foi escolhido para realizar alguma atividade em que precisasse representar outra pessoa? Como foi ou o que sabe dessa experiência?

» Quando seus pais ou professores lhe atribuem alguma tarefa, você gosta de ter alguém ao seu lado? Por quê?

» Você saberia identificar o que faz parte da sua missão como cristão? Descreva e, depois, leia observando atentamente: quais ações precisa desenvolver melhor; quais tem dificuldade e precisa de ajuda para concretizar e ser fiel ao seu compromisso com o Senhor.

» Diante das situações que oprimem as pessoas, qual é a sua postura cristã? Responda desenhando.

» Se tivesse que apresentar as qualidades de Moisés que fizeram com que Deus o escolhesse, o que diria?

_____

_____

_____

_____

» Das qualidades de Moisés, qual ou quais delas entende que devam ser assumidas por nós cristãos hoje? Por quê?

» Os capítulos 7 a 11 do livro de Êxodo narram as dez pragas que recaíram sobre os egípcios por causa da dureza do coração do Faraó, que não libertou os hebreus da escravidão. Registre cada uma das pragas com os capítulos e versículos correspondentes.

> 1. _____
> 2. _____
> 3. _____
> 4. _____
> 5. _____
> 6. _____
> 7. _____
> 8. _____
> 9. _____
> 10. _____

» Todas essas coisas aconteceram por causa da dureza do coração do Faraó. Algo de ruim aconteceu em sua vida por ter sido inflexível, por não saber ceder? Se sim, quais foram as consequências?

_____
_____
_____
_____
_____
_____

Moisés fez uma belíssima experiência ao tirar as sandálias e encontrar-se com Deus. Hoje você também é convidado a fazer esta experiência:

1. Dirija-se até uma igreja ou capela.
2. Pare na porta e respire fundo. Lentamente tire os calçados e adentre no espaço.
3. Chegando diante do altar, faça uma reverência prostrando a cabeça.
4. Observe todo o espaço. Se já participou de alguma celebração ali, traga os momentos à memória, recordando-os.
5. Depois sente-se num banco, ajoelhe-se ou até mesmo deite-se no chão... Fique na posição em que mais se sentir confortável.
6. Respire fundo, sinta o seu corpo, o ar passando por suas narinas e enchendo-o com o sopro da vida.
5. No silêncio, escute o Senhor.
8. Depois de algum tempo, levante-se e novamente faça uma reverência diante do altar.
9. Faça o sinal da cruz.
10. Coloque o calçado e prepare-se para sair.

SEUS PEDIDOS E INTENÇÕES DE ORAÇÃO DA SEMANA

Descreva motivos, situações e pessoas por quem quer rezar.

11º Encontro — A libertação do Egito e a instituição da Páscoa

> Assim o comereis: com os cintos na cintura, os pés calçados, o bastão na mão; e comereis às pressas, pois é a Páscoa do Senhor. [...] Este dia será para vós uma festa memorável em honra do Senhor, que haveis de celebrar por todas as gerações, como instituição perpétua. (Ex 12,11-14)

LEIA e MEDITE os capítulos 12 a 15 do livro de Êxodo.

A passagem do povo pelo mar torna-o livre e chegar ao outro lado torna-se o evento fundador da libertação do Antigo Testamento, evento único da libertação do povo hebreu. Todos os últimos acontecimentos formam a Páscoa dos judeus. A salvação dada naquela noite não se esgota ali, mas alcançará todas as gerações subsequentes. Não são os seus pais (antepassados) que atravessaram o mar e foram libertos, são eles que, hoje, ao realizarem esses ritos, ao celebrarem a Páscoa, são libertos e salvos pelo Senhor.

É hora de PENSAR e REGISTRAR o meu encontro

» O que significa a palavra Páscoa?

_____
_____
_____
_____

» Qual o sentido e significado da Páscoa para os judeus?

» Descreva os ritos e símbolos da última ceia no Egito, que mais tarde dará origem a toda liturgia da Páscoa dos judeus.

_____
_____
_____
_____
_____
_____

» O povo se preparou para a ceia antes de sair do Egito. E, hoje, como você se prepara para participar da ceia pascal?

_____
_____
_____
_____
_____

» Você se reconhece parte desse povo? Explique.

_____

_____

_____

Sob a perseguição do Faraó, Moisés e o povo encontravam-se numa situação de desesperança. Diante dela, o mar se abre.

» Quais situações de desesperança na sua vida precisam de sua confiança em Deus para que o mar se abra e você possa conquistar a libertação do que o aflige?

SEUS PEDIDOS E INTENÇÕES DE ORAÇÃO DA SEMANA

Descreva motivos, situações e pessoas por quem quer rezar.

12º Encontro — A Páscoa judaica anualmente celebrada

> "O Senhor falou a Moisés no deserto do Sinai, no primeiro mês do segundo ano depois da saída do Egito: 'Os israelitas celebrarão a Páscoa na data marcada. Deveis celebrá-la no tempo estabelecido, no dia catorze deste mês, à hora do crepúsculo. Vós a celebrareis segundo todos os ritos e normas'." (Nm 9,1-3)

LEIA e OBSERVE a passagem de Nm 23,4-14 a respeito do mandamento de celebrar a Páscoa.

Até hoje o mandamento dado por Deus é cumprido fielmente pelo povo judeu. Com o nome de PESSACH, a festa da Páscoa recorda a libertação da escravidão do povo hebreu do Egito por volta dos anos 1429 a 1313 a.C. Esse momento tão importante e significativo na vida e na história de um povo não pode ser esquecido. É necessário fazer memória, não no sentido apenas de lembrar, mas de atualizar. A celebração anual da páscoa judaica é, portanto, a prefiguração litúrgica da saída do Egito, da passagem a pé enxuto do mar para a libertação.

55

É hora de PENSAR e REGISTRAR o meu encontro

» Qual o significado dos elementos a seguir dentro do ritual da Páscoa judaica? Escreva o que corresponde a cada um:

cordeiro | pão ázimo | ervas amargas | água salgada | ovo cozido

➤ As _____ lembram as amarguras de um povo escravo. Em nossos dias, devem lembrar que há povos que ainda vivem sob diversos tipos de amargura.

➤ A _____ lembra as lágrimas que os escravos hebreus verteram ao não terem liberdade de decisão e de credo. Hoje, muitos dos seres humanos ainda choram pelos diversos tipos de escravidão aos quais são submetidos e por não conseguirem alcançar a tão sonhada liberdade.

➤ O _____ recorda ao povo judeu que quanto mais é oprimido ou afligido, como ocorreu no Egito, mais fortalecido e numeroso se torna.

➤ O _____ lembra o sacrifício feito na véspera da última das dez pragas no Egito, com o qual foi feito um sinal com seu sangue nas portas das cabanas dos escravos hebreus, de forma que o Anjo da Morte não levasse seus filhos primogênitos, mas apenas o fizesse com os dos egípcios que não os deixavam partir.

➤ O _____ formado de farinha em forma de bolacha, não contendo fermento e assado rapidamente, lembra o povo hebreu que não teve tempo para assar seu pão no momento da saída do Egito. É o alimento da mesa judaica durante os dias de Pessach, substituindo o pão fermentado.

» Qual a importância de celebrar a Páscoa (judaica e cristã) ainda em nossos dias?

_____

_____

_____

» Faça um momento de oração pela paz no mundo e pela união dos povos, para que todos tenham vida digna e sejam libertos de toda e qualquer escravidão.

SEUS PEDIDOS E INTENÇÕES DE ORAÇÃO DA SEMANA

Descreva motivos, situações e pessoas por quem quer rezar.

13º Encontro

A Aliança e as Tábuas da Lei

> Estas foram as palavras que o Senhor dirigiu a toda a vossa comunidade sobre a montanha, do meio do fogo, da nuvem e das trevas, com voz forte. Sem acrescentar mais nada, ele as escreveu em duas placas de pedra e as entregou a mim. (Dt 5,22)

LEIA e MEDITE o texto de Dt 5,1-22. Depois leia e observe o que dizem os capítulos 19 e 20 de Êxodo.

O Senhor, na sua infinita paciência, chama Moisés ao alto da montanha e lhe entrega as tábuas com as leis, os Dez Mandamentos, chamados também de Decálogo — que significa literalmente "dez palavras". Os mandamentos são dados ao povo não como castigo, mas para que, ao cumpri-los, o povo tivesse vida plena e dignidade. As leis dadas por Deus servem para orientar a convivência entre o povo, valorizando a solidariedade e o amor ao próximo que estava facilmente se perdendo sob a pressão da situação.

É hora de PENSAR e REGISTRAR o meu encontro

» Complete cada linha da primeira coluna com o texto de Êxodo equivalente ao mandamento descrito na segunda coluna, tirado de Deuteronômio. E em cada linha da terceira coluna escreva a fórmula catequética referente ao mandamento.

	Êxodo 20,2-17	Deuteronômio 5,6-21	Fórmula catequética
	Eu sou o Senhor teu Deus, que te libertou do Egito, lugar de escravidão.	Eu sou o Senhor teu Deus, que te libertou do Egito, lugar de escravidão.	
1°		Não terás outros deuses além de mim...	
2°		Não pronunciarás o nome do Senhor teu Deus em vão...	
3°		Guarda o dia do sábado, santificando-o...	
4°		Honra teu pai e tua mãe...	
5°		Não matarás.	
6°		Não cometerás adultério.	
7°		Não furtarás.	
8°		Não darás falso testemunho contra o próximo.	
9°		Não desejarás a mulher do próximo.	
10°		Não cobiçarás a casa do próximo.	

» Por que Deus nos deu os Dez Mandamentos e qual a importância de cumpri-los?

_____
_____
_____
_____
_____
_____

» Procure em sua Bíblia, no Evangelho de Lucas, capítulo 12, a passagem em que Jesus diz qual é o maior dos mandamentos e registre os versículos correspondentes. Depois explique por que esses são os principais e maiores mandamentos.

» Qual dos Dez Mandamentos você acha mais importante? Por quê?

_____
_____
_____

» Qual dos Dez Mandamentos você acha mais difícil de colocar em prática? Por quê?

_____
_____
_____
_____
_____
_____
_____

Observando os acontecimentos na sociedade, você diria que o cumprimento dos mandamentos pode modificar:

➤ As situações que prejudicam as relações humanas? Como?

➤ A falta de justiça? Como?

➤ O não exercício da compaixão e misericórdia? Como?

SEUS PEDIDOS E INTENÇÕES DE ORAÇÃO DA SEMANA

Descreva motivos, situações e pessoas por quem quer rezar.

14º Encontro — A terra prometida e a constituição das doze tribos

> Após a morte de Moisés, servo do Senhor, o Senhor disse a Josué filho de Nun, ministro de Moisés: "Moisés, meu servo, morreu. Agora prepara-te para atravessar o rio Jordão, tu e todo este povo, rumo à terra que eu dou aos israelitas. Eu vos dei todo lugar em que pisar a sola de vossos pés, conforme prometi a Moisés". (Js 1,1-3)

LEIA e MEDITE o texto Js 1,1-9. Depois leia Dt 34,1-12 e conheça o fim da caminhada de Moisés.

Após 40 anos no deserto, Moisés finalmente cumpre a sua missão de libertar o povo e guiá-lo até a terra prometida. Moisés, porém, não chega a entrar nela, apenas a observa a distância. Ele confia a Josué a entrada do povo naquela tão aguardada terra e descansa no Senhor.

62

É hora de PENSAR e REGISTRAR o meu encontro

» Quais os três nomes dados à terra prometida, região em que o povo se instalou após a saída do Egito?

_____

_____

_____

» Leia os capítulos 13 a 21 do livro de Josué e registre o nome das doze tribos de Israel.

_____

_____

_____

_____

_____

» A terra que corre leite e mel, prometida por Deus ao seu povo, não é apenas um lugar físico, mas é a maneira como que o povo nela vive. Quais as atitudes que devemos ter para fazer da nossa terra um lugar fraterno e bom de se viver?

Um olhar às experiências

Moisés, durante 40 anos, DEDICOU-SE à sua missão.
Você PERSEVERA em suas tarefas?

Moisés DOOU-SE.
Como você se DOA às causas que necessitam de sua colaboração?

Moisés teve a capacidade de SE ADAPTAR às mudanças.
Diante da necessidade de mudanças, como você SE ADAPTA?

SEUS PEDIDOS E INTENÇÕES DE ORAÇÃO DA SEMANA

Descreva motivos, situações e pessoas por quem quer rezar.

15º Encontro — Juízes, Reis e Profetas

Samuel exerceu as funções de Juiz sobre Israel durante toda a vida. Ano por ano ia fazendo o giro por Betel, Guilgal e Masfa, julgando Israel em todos os lugares. [...] Todos os anciãos de Israel se reuniram, foram entrevistar-se com Samuel em Ramá e lhe disseram: "Olha, tu estás velho e os teus filhos não seguem o teu exemplo. Portanto, estabelece-nos um rei, para que nos julgue!". (1Sm 7,15-16;8,4-5)

LEIA e MEDITE 1Sm 7,15–8,1-5. Depois leia os capítulos 8 a 10 de 1 Samuel para compreender como Saul foi ungido como primeiro rei de Israel.

A história do povo hebreu é marcada por inúmeros acontecimentos, liderada e guiada por juízes e reis, fiéis e infiéis aos mandamentos do Senhor. Deus, na sua infinita bondade, nunca abandonou seu povo. Esteve sempre presente usando a voz dos profetas para fazê-lo voltar ao bom caminho e seguir seus ensinamentos, para que tivessem vida plena e digna.

Samuel era ainda menino e já ajudava Eli (sumo sacerdote e juiz em Israel), já quase cego, na adoração a Deus. Certa noite, Samuel e Eli estavam dormindo quando o Senhor Deus chamou Samuel durante a madrugada, dizendo: "Samuel! Samuel". E Samuel respondeu: "Estou aqui!". Ele, então, correu para junto de Eli. Samuel acreditava que era a voz de Eli que o chamava, e este lhe diz: "Eu não chamei você, filho. Volte para a cama". Porém, novamente o Senhor chama Samuel, e este se levanta e vai até Eli, que o manda voltar a dormir. Pela terceira vez a história se repete e Eli compreende que era o Senhor quem chamava Samuel. Ele orienta o filho a voltar a dormir e, quando escutasse novamente a voz, dizer: "Fala, ó Senhor, porque o teu servo está ouvindo". Assim, Samuel fala com o Senhor que o constitui um grande líder religioso e político da sua época (cf. 1Sm 3,1-10).

É hora de PENSAR e REGISTRAR o meu encontro

» **Qual a função dos juízes e reis na história do povo de Israel?**

_____

_____

_____

_____

» **Leia os capítulos 13 a 16 de Juízes e conheça um dos mais famosos juízes de Israel. Depois escreva o seu nome: _____.**

Qual o papel e a importância dos profetas?

➤ Os profetas eram responsáveis por não deixar o povo se desviar do caminho e dos mandamentos do Senhor. O que você faz para não deixar as pessoas se desviarem do que é certo?

➤ Quando as pessoas se afastavam do caminho do Senhor, os profetas mostravam-lhes seus erros. Você se sente apto para ajudar alguém a reconhecer seus erros e poder corrigi-los?

➤ Os profetas têm liderança e credibilidade, usando-as para o bem do povo. Como você usa sua liderança e credibilidade?

» Os profetas influenciam as escolhas das pessoas para que vivam a justiça, a compaixão, a solidariedade, a verdade. Como você influencia a vida dos amigos, irmãos, primos...?

_____

_____

_____

_____

Hoje somos chamados a profetizar em nome do Senhor. O que devemos fazer para sermos profetas em nossos dias?

» Registre as atitudes dos verdadeiros profetas.

SEUS PEDIDOS E INTENÇÕES DE ORAÇÃO DA SEMANA

Descreva motivos, situações e pessoas por quem quer rezar.

16º Encontro — O exílio: a esperança do retorno

> O Rei da Assíria deportou os israelitas para a Assíria, estabelecendo-os em Hala e às margens do Habor, rio de Gozã, e ainda nas cidades da Média. Isto aconteceu porque não tinham escutado a voz do Senhor seu Deus, transgredindo a aliança. Não tinham escutado nem posto em prática nada do que o servo do Senhor, Moisés, tinha ordenado. (2Rs 18,11-12)

LEIA e MEDITE o texto de 2Rs 18,9-12.

No início da formação do povo de Israel, o Egito dominava toda a região e formava o grande império da época. Com a decadência progressiva do Egito, nenhuma outra grande potência surgiu ao longo de muitos anos. Porém, a tranquilidade do povo de Israel terminou quando começaram a surgir novas potências, grandes impérios que dominavam os mais fracos e lhes forçavam a pagar tributos. Muitos dos habitantes, ainda hoje, são forçados a irem para o exílio, ou seja, para fora do seu país e cultura.

É hora de PENSAR
e REGISTRAR o meu encontro

» O que leva um país a dominar o outro? Ainda hoje existem países que querem dominar os outros. De que maneira fazem isso?

_____

_____

_____

_____

_____

_____

_____

» Por que o exílio foi importante para o povo?

_____

_____

_____

_____

Muitos reconhecem Deus e vão ao seu encontro apenas nos momentos de dor e sofrimento. Hoje somos convidados a reconhecer Deus em nossas vidas, a louvá-lo e agradecê-lo por tudo o que temos.

» Registre seus louvores e agradecimentos reconhecendo a ação de Deus em sua vida.

O exílio foi uma oportunidade que o povo teve de reconhecer os seus erros e voltar-se para o Senhor, cumprindo os seus mandamentos.

Hoje convidamos você a um "exílio", retirando-se a um local tranquilo e silencioso para meditar sobre o que lhe afasta de Deus e o que é preciso fazer para voltar à convivência plena com Ele. Escreva, depois desse tempo, suas conclusões durante a reflexão.

SEUS PEDIDOS E INTENÇÕES DE ORAÇÃO DA SEMANA

Descreva motivos, situações e pessoas por quem quer rezar.

17º Encontro — O Messias esperado

> Como está escrito no profeta Isaías: Eis que envio o meu mensageiro à tua frente; ele preparará o teu caminho. Voz de quem clama no deserto: "preparai o caminho do Senhor, endireitai as suas estradas". Assim apareceu João no deserto, batizando e pregando um batismo de conversão... (Mc 1,2-4)

LEIA e MEDITE o texto de Mc 1,2-8.

O povo judeu, confiante, esperava o Messias, de modo especial nos tempos de sofrimento. Essas profecias eram recordadas para fazer com que o povo não desanimasse nem perdesse a esperança. Os cristãos reconhecem Jesus como o ungido do Pai, como o Messias esperado. João foi aquele que anunciou, preparou os caminhos, conheceu e batizou o autor do Batismo, Jesus Cristo.

É hora de PENSAR e REGISTRAR o meu encontro

» O que significa a palavra Messias?

» Por que nós, cristãos, reconhecemos que Jesus é o Messias?

» João Batista foi o último profeta do Antigo Testamento e preparou o caminho para Jesus. Como, hoje, podemos ser os "novos Joões" a preparar os caminhos para a segunda vinda de Cristo?

SEUS PEDIDOS E INTENÇÕES DE ORAÇÃO DA SEMANA

Descreva motivos, situações e pessoas por quem quer rezar.

18º Encontro — Deus escolhe uma mulher

...o anjo lhe falou: "não tenhas medo, Maria, porque encontrastes graça diante de Deus. Eis que conceberás e darás à luz um filho" [...] Naqueles dias Maria se pôs a caminho e foi apressadamente às montanhas para uma cidade de Judá. Entrou em casa de Zacarias e saudou Isabel. Aconteceu que, mal Isabel ouviu a saudação de Maria, a criança saltou em seu ventre e Isabel, cheia do Espírito Santo, exclamou em voz alta: "Bendita és tu entre as mulheres...". (Lc 1,30-31;39-42)

L<small>EIA</small> e MEDITE o texto Lc 1,26-45.

O Messias, anunciado pelos profetas do Antigo Testamento, agora se cumpre com a escolha e o "sim" de Maria. Deus, continuando seu Plano de Amor e Salvação, envia o anjo Gabriel até Maria, uma jovem prometida em casamento a um homem chamado José. Maria escuta atentamente as palavras do anjo e, mesmo não sabendo como tudo aconteceria, confia no projeto de Deus ao dizer seu "sim". O anjo também lhe diz que sua prima Isabel, esposa de Zacarias, estéril e idosa, conceberia e daria à luz um filho: João Batista. Maria, mais do que depressa, se coloca a caminho e vai ao encontro de Isabel.

73

Maria era uma jovem que vivia em Nazaré. Seus pais chamavam-se Joaquim e Ana. Vivia humildemente e cheia de fé, esperando a vinda do Messias, o salvador que os profetas tinham anunciado.

Maria é então escolhida por Deus para ser a Mãe do Salvador: Jesus.

Os pais de Maria tornam-se os avós de Jesus e, por isso, são considerados pela Igreja protetores de todos os avós. Celebramos no dia 26 de julho sua memória e, por causa disso, esse é o dia em que celebramos todos os avôs e avós.

É hora de PENSAR e REGISTRAR o meu encontro

» Leia o texto de Lc 1,5-25 e descubra como Zacarias recebeu o anúncio do anjo sobre a promessa de que seria pai de João Batista. Depois compare os anúncios de Zacarias e Maria, e descreva a diferença e as reações de cada um.

_____
_____
_____
_____
_____
_____

» Em Lc 1,68-79 você encontrará o cântico que Zacarias eleva a Deus em gratidão por ter lhe dado a graça de ser pai. A exemplo de Zacarias, escreva um cântico agradecendo a Deus por ter nos dado Jesus como salvador.

» Ao dar seu "sim", Maria vai ao encontro de sua prima Isabel e se torna teófora. O que esse termo quer dizer?

_____

_____

_____

» Como podemos ser portadores de Deus na vida de inúmeras pessoas que hoje estão desanimadas e sem esperança? Descreva ações que você pode fazer no seu dia a dia, sendo presença de Deus na vida das pessoas.

SEUS PEDIDOS E INTENÇÕES DE ORAÇÃO DA SEMANA

Descreva motivos, situações e pessoas por quem quer rezar.

19º Encontro — Portadores de Deus (visita)

> Maria se pôs a caminho e foi apressadamente às montanhas para uma cidade de Judá. Entrou na casa de Zacarias e saudou Isabel. Aconteceu que, mal Isabel ouviu a saudação de Maria, a criança saltou em seu ventre e Isabel, cheia do Espírito Santo, exclamou em voz alta: "Bendita és tu entre as mulheres e bendito é o fruto do teu ventre". (Lc 1,39-42)

LEIA e MEDITE o texto de Lc 1,39-42.

Maria é aquela que vai ao encontro de Isabel e tantos outros para apresentá-los ao seu filho.

Como Maria, devemos sempre ter Jesus em nosso coração, em nossas atitudes, em nossas vidas e, assim, testemunhá-lo indo ao encontro dos necessitados.

É hora de PENSAR
e REGISTRAR o meu encontro

» Você fez a experiência, assim como Maria, de ir até alguém para visitá-lo. Descreva como foi a experiência de ser portador de Deus às pessoas visitadas.

_____
_____
_____
_____
_____

» Por que essas pessoas foram escolhidas para a visita?

» Qual a importância desse gesto e qual a transformação que realizou na vida destas pessoas?

_____
_____
_____
_____
_____

SEUS PEDIDOS E INTENÇÕES DE ORAÇÃO DA SEMANA

Descreva motivos, situações e pessoas por quem quer rezar.

20º Encontro
Encarnação: Deus se faz homem

> No princípio era a Palavra e a Palavra estava com Deus, e a Palavra era Deus. [...] E a Palavra se fez carne e habitou entre nós; vimos a sua glória, a glória de Filho único do Pai, cheio de graça e verdade... (Jo 1,1.14)

L**EIA** e M**EDITE** o texto de Jo 1,1-18.

O "prólogo" com que João inicia seu Evangelho nos recorda os primeiros versículos de Gênesis, que narram o começo da criação do mundo. Quer mostrar que Jesus é o Filho amado do Pai, que já existia antes da criação do mundo. A humanidade foi criada à sua imagem e semelhança, pois o Filho é a imagem do Pai, e o Pai se vê totalmente no Filho. Jesus, a Palavra do Pai, se encarna, se faz homem e habita em nosso meio. Jesus faz morada junto à humanidade. Cristo é agora a presença de Deus no mundo para os que nele creem. A Deus Pai ninguém viu, mas o conhecemos vendo o Filho.

É hora de PENSAR
e REGISTRAR o meu encontro

» Por que o evangelista João identifica Jesus como o "Verbo" que se fez carne?

_____
_____
_____
_____
_____

» Como podemos conhecer a Deus Pai se nunca o vimos?

_____
_____
_____

» O que celebramos no Natal? Por que essa solenidade é importante para os cristãos?

SEUS PEDIDOS E INTENÇÕES DE ORAÇÃO DA SEMANA

Descreva motivos, situações e pessoas por quem quer rezar.

21º Encontro — São José, o homem justo

> José, seu marido, sendo um homem justo e não querendo denunciá-la, resolveu abandoná-la em segredo. [...] um anjo do Senhor lhe apareceu em sonho e disse: "José filho de Davi não tenhas medo de receber Maria, tua esposa, pois o que nela foi gerado vem do Espírito Santo". [...] Quando acordou, José fez como o anjo do Senhor lhe tinha mandado e aceitou sua mulher. (Mt 1,19-20.24)

LEIA e **MEDITE** o texto de Mt 1,18-25.

A Igreja reconhece a paternidade de José e Maria como modelo para todas as famílias, pois ambos foram fiéis à missão dada por Deus. Cuidaram e educaram Jesus para a vida, lhe ensinaram a observar e praticar a vontade e os mandamentos de Deus. São José, portanto, é um pai bondoso e exemplar simplesmente porque acreditou e esperou na providência de Deus em todos os momentos de sua vida.

É hora de PENSAR e REGISTRAR o meu encontro

» Quem foi São José?

_____
_____
_____
_____
_____

» Por que José é chamado de "justo" pelo evangelista Mateus?

_____
_____
_____

» Procure nos primeiros capítulos dos Evangelhos de Mateus e Lucas as passagens Bíblicas que fazem referência a São José. Depois escreva os versículos onde essas passagens podem ser encontradas.

_____
_____

» A exemplo de José, o que você pode fazer para ser um justo e fiel colaborador da construção do Reino de Deus?

José é reconhecido como homem de silêncio, de bom coração.

» Que importância tem o silêncio em sua vida? Em que situações considera importante silenciar?

_____
_____
_____
_____
_____

» Quem, para você, possui bom coração hoje?

Você se considera uma pessoa de bom coração? Justifique sua resposta.

A justiça é uma das características de José.

» Como você a exerce na sua escola, na sua família e na sociedade?

_____
_____
_____
_____
_____
_____
_____

SEUS PEDIDOS E INTENÇÕES DE ORAÇÃO DA SEMANA

Descreva motivos, situações e pessoas por quem quer rezar.

22º Encontro — Os três magos e os presentes

> Tendo nascido Jesus em Belém da Judeia no tempo do rei Herodes, alguns magos do Oriente foram visitá-lo [...] Quando viram a estrela, encheram-se de grande alegria. Ao entrar na casa, viram o menino com Maria, sua mãe; e, prostrando-se, o adoraram. Abriram seus cofres e lhe ofereceram presentes, ouro, incenso e mirra. (Cf. Mt 2,1.10-11)

LEIA e MEDITE o texto de Mt 2,1-12.

Os "reis magos" são personagens citados apenas no Evangelho de Mateus, relatando que visitaram o menino Jesus trazendo-lhe presentes: ouro, incenso e mirra. O nome "mago" no tempo de Jesus era sinônimo de "sábio", tratamento dado de modo especial aos que estudavam os astros (astrólogos ou astrônomos).

O texto diz que viram uma estrela e foram, por isso, até a região onde nascera Jesus.

É hora de PENSAR
e REGISTRAR o meu encontro

» Qual o significado dos magos no Evangelho de Mateus, de acordo com a tradição da Igreja?

_____
_____
_____
_____
_____
_____

» O que simbolizam os presentes dados a Jesus pelos "reis magos"?

Ouro

Incenso

Mirra

» Quais os presentes que hoje podemos dar a Jesus?

_____
_____
_____
_____
_____
_____

» O que é celebrado pela liturgia no dia 6 de janeiro?

_____

_____

_____

» Os magos fazem o caminho até Jesus. Como você percorre o caminho para se aproximar de Jesus?

SEUS PEDIDOS E INTENÇÕES DE ORAÇÃO DA SEMANA

Descreva motivos, situações e pessoas por quem quer rezar.

23º Encontro — Os quatro Evangelhos: vida e ensinamentos de Jesus

> Jesus ainda fez muitos outros sinais na presença dos discípulos, mas não foram escritos neste livro. Estes porém foram escritos para que creiais que Jesus é o Cristo, o Filho de Deus, e para que, crendo, tenhais a vida em seu nome. (Jo 20,30-31)

L<small>EIA</small> e MEDITE o texto de Jo 20,30-31.

Os Evangelhos são um gênero da literatura do cristianismo dos primeiros séculos, ou seja, uma maneira de escrever que narra a vida de Jesus, suas palavras e atitudes, a fim de preservar seus ensinamentos e anunciar o Reino de Deus.

É hora de PENSAR e REGISTRAR o meu encontro

» O que significa a palavra Evangelho?

_____

_____

» Por que os Evangelhos de Mateus, Marcos e Lucas são chamados de sinóticos?

_____

_____

_____

» Relacione as razões para os Evangelhos terem sido escritos.

» O que podemos fazer hoje para propagar a Boa Nova contida nos Evangelhos?

_____

_____

_____

SEUS PEDIDOS E INTENÇÕES DE ORAÇÃO DA SEMANA

Descreva motivos, situações e pessoas por quem quer rezar.

24º Encontro — A escolha dos apóstolos

Estes doze Jesus os enviou, com estas recomendações: "Não sigais pelos caminhos pagãos nem entreis em cidade de samaritanos. Ide, antes, às ovelhas perdidas da casa de Israel. Pelo caminho, proclamai que está próximo o reino dos céus. Curai os enfermos, ressuscitai os mortos, limpai os leprosos, expulsai os demônios. Recebestes de graça, dai de graça". (Mt 10,5-8)

LEIA e MEDITE o texto de Mt 10,2-11.

Após iniciar sua vida pública, Jesus passa a maior parte do seu tempo pregando e anunciando o Reino de Deus. Muitos, tocados por suas palavras, ensinamentos e sabedoria, passaram a segui-lo, tornando-se seus discípulos. Depois de um tempo, Jesus escolhe apenas doze para serem seus apóstolos, ou seja, aqueles que o acompanhariam todo o tempo, sendo formados e preparados para darem continuidade ao que Ele iniciara.

É hora de PENSAR e REGISTRAR o meu encontro

» Leia e medite o Evangelho de Mateus 10,2-10. Depois escreva na ilustração do tema os nomes dos doze apóstolos que Jesus escolheu.

» O que significa a palavra "apóstolo"?

_____

_____

» Jesus, ainda hoje, continua a chamar homens e mulheres a segui-lo. Qual o critério de escolha de Jesus?

_____

_____

_____

_____

_____

» Que palavras e ensinamentos de Jesus fazem você crer nele, vir para a catequese e querer o sacramento da Crisma?

» Você também é um escolhido de Jesus, chamado a anunciar a sua Boa Nova. O que você tem feito, ou o que você pode fazer, para assumir com fidelidade esse chamado?

_____

_____

_____

_____

_____

» Consegue perceber que, assim como você se prepara para ser um bom cristão, os apóstolos também se prepararam, buscando meditar e compreender os ensinamentos de Jesus? Que importância você dá à sua preparação?

_____

_____

_____

_____

_____

_____

» A função da catequese é que você receba o sacramento da Crisma ou que se engaje no seguimento a Jesus? Justifique sua resposta.

SEUS PEDIDOS E INTENÇÕES DE ORAÇÃO DA SEMANA

Descreva motivos, situações e pessoas por quem quer rezar.

25º Encontro — O Reino anunciado por Jesus

> Ela respondeu: "Manda que os meus dois filhos se assentem, um à tua direita e outro à tua esquerda, no teu Reino". [...] Os outros dez, que ouviram, se aborreceram com os dois irmãos. [...] Jesus, porém, os chamou e disse: "Sabeis que os chefes das nações as oprimem e os grandes as tiranizam. Entre vós não seja assim. Ao contrário, quem quiser ser grande, seja vosso servidor, e quem quiser ser o primeiro, seja vosso escravo". (Mt 20,21.24-27)

LEIA e MEDITE o texto de Mt 20,20-28.

Jesus, em toda a sua vida, anunciou uma inversão de valores, pregando o desapego às coisas terrenas, aos bens materiais. Os apóstolos compreenderam isso, porém, apenas ao alcançarem plena consciência de qual Reino Jesus falava, após a sua ressurreição e subida aos céus.

91

É hora de PENSAR
e REGISTRAR o meu encontro

» Qual "Reino" Jesus anunciou em toda a sua vida?

_____

_____

_____

» Qual é nosso papel na construção do Reino dos Céus? O que podemos fazer para torná-lo realidade aqui, ainda na terra?

» Nos quatro Evangelhos existem inúmeras parábolas nas quais Jesus faz referência ao seu Reino. Escolha e medite sobre uma dessas parábolas e a comente.

_____

_____

_____

_____

_____

SEUS PEDIDOS E INTENÇÕES DE ORAÇÃO DA SEMANA

Descreva motivos, situações e pessoas por quem quer rezar.

26º Encontro — Obediência ao Pai, até as últimas consequências

> Então lhes disse: "Minha alma está triste até a morte. Ficai aqui em vigília comigo". Adiantou-se um pouco, prostrou-se com o rosto em terra e orava, dizendo: "Pai, se for possível, afasta de mim este cálice, contudo não se faça como eu quero, mas como tu queres...". (Mt 26,38-39)

LEIA e MEDITE o texto de Mt 26,36-41.

Jesus é aquele que confia plenamente no Pai. No seu momento de tristeza e agonia pede que os seus apóstolos fiquem ao seu lado enquanto Ele rezava. No diálogo, pede que o cálice seja afastado se for possível, mas também clama para que não se cumpra a sua vontade, e sim a vontade Daquele que o enviou.

93

É hora de PENSAR
e REGISTRAR o meu encontro

» A exemplo de Jesus, como sempre deve ser a nossa oração?

_____
_____
_____
_____

» Relacione atitudes de desobediência e suas consequências por não ser fiel aos ensinamentos de Jesus. Depois, relacione atitudes de obediência e suas consequências ao se praticar os ensinamentos de Jesus.

Desobediência	Consequências

Obediência	Consequências

Toda escolha traz uma ou mais consequências. Quais têm sido as consequências (positivas ou ruins) de suas escolhas? Exemplo: Se você escolher apenas o lazer e não dedicar tempo necessário aos estudos, qual será a consequência ao longo da sua vida? Pense nas escolhas que você tem feito, permitindo-se avaliar com honestidade sua obediência ou desobediência aos ensinamentos de Jesus, considerando que elas contribuem positiva ou negativamente para o seu futuro.

SEUS PEDIDOS E INTENÇÕES DE ORAÇÃO DA SEMANA

Descreva motivos, situações e pessoas por quem quer rezar.

27º Encontro — Pedro nega Jesus

Eles prenderam Jesus e o levaram para casa do sumo sacerdote. Pedro o seguia de longe. [...] Passada quase uma hora, outro começou a insistir, dizendo: "De fato, este também estava com ele, pois é galileu". Pedro, porém, disse: "Moço, não sei o que estás dizendo". Nisso, enquanto Pedro ainda falava, o galo cantou. Voltando-se, o Senhor olhou para Pedro, e este se lembrou das palavras de Jesus, quando lhe disse: "Antes que hoje o galo cante, tu me terás negado três vezes". (Lc 22,59-61)

LEIA e MEDITE todo o capítulo 22 do Evangelho de Lucas.

Pedro é aquele que vai até o lugar onde Jesus é interrogado e mantido preso. Os que ali estão reconhecem-no como um dos seguidores de Jesus e o pressionam. Por três vezes, Pedro nega que é um dos seus seguidores e o galo canta, cumprindo a profecia de Jesus. Neste momento, Jesus passa e encontra o olhar de Pedro, e ele então se dá conta da sua covardia e chora...

É hora de PENSAR
e REGISTRAR o meu encontro

» Por que Pedro chora ao ver o olhar de Jesus?

_____
_____

» O que simboliza o número três na passagem bíblica que meditamos?

_____
_____
_____

» Quais são as pessoas e situações que lhe despertam vergonha ou negação? Por que você teve ou tem essa atitude?

» O que você pode fazer para valorizar aqueles que o amam e estão ao seu redor; de modo especial, a pessoa de Jesus?

_____
_____
_____
_____
_____

SEUS PEDIDOS E INTENÇÕES DE ORAÇÃO DA SEMANA

Descreva motivos, situações e pessoas por quem quer rezar.

28º Encontro — Do lado aberto de Jesus na cruz, nasce a Igreja

> Quando chegaram, porém, a Jesus e viram que estava morto, não lhe quebraram as pernas, mas um dos soldados transpassou-lhe o lado com uma lança, e logo saiu sangue e água. Quem viu dá testemunho, e o seu testemunho é digno de fé. Sabe que diz a verdade, para que também vós creiais. (Jo 19,33-35)

LEIA e MEDITE o texto de Jo 19,31-37.

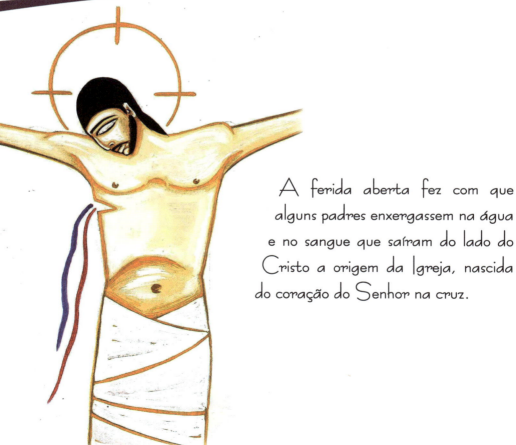

A ferida aberta fez com que alguns padres enxergassem na água e no sangue que saíram do lado do Cristo a origem da Igreja, nascida do coração do Senhor na cruz.

É hora de PENSAR
e REGISTRAR o meu encontro

» A tradição da Igreja enxergou na água e no sangue que saíram do lado aberto de Jesus seus dois principais sacramentos. Quais são?

Água símbolo do:

Sangue símbolo do:

Com a ascensão de Jesus, a Igreja torna-se sinal de sua _____ no mundo. Complete a frase com a palavra adequada: lembrança ou presença. Justifique sua escolha.

_____

_____

_____

» Quem é a Igreja hoje? O que é preciso fazer para tornar-se Igreja?

_____

_____

_____

_____

_____

SEUS PEDIDOS E INTENÇÕES DE ORAÇÃO DA SEMANA

Descreva motivos, situações e pessoas por quem quer rezar.

29º Encontro — Em Pentecostes nasce a missão da Igreja

> Chegando o dia de Pentecostes, estavam todos reunidos no mesmo lugar. [...] Viram aparecer, então, uma espécie de línguas de fogo, que se repartiam e foram pousar sobre cada um deles. Todos ficaram cheios do Espírito Santo [...] todos os ouvimos falar as grandezas de Deus em nossas próprias línguas. (At 2,1.3-4)

LEIA e MEDITE o texto de At 2,1-11.

A Igreja que nasce em Cristo, e por Ele é instituída, agora é manifestada e enviada ao mundo através do Espírito Santo. A sua missão é anunciar o Reino de Cristo e de Deus, estabelecendo-o em todos os povos.

É hora de PENSAR
e REGISTRAR o meu encontro

» A palavra Pentecostes é um termo grego que significa:_____.

A Igreja celebra a festa de Pentecostes _____ dias após a Páscoa.

» Quais os símbolos que representam o Espírito Santo?

_____
_____

» Como você descreveria a ação do Espírito Santo em sua vida? Em que momentos reconhece que Ele reveste você de força, ânimo e coragem?

_____
_____
_____

» Em Pentecostes, a Igreja assume sua missão de anunciar o Evangelho, o Reino de Deus, a todos os povos. Como parte dessa Igreja, o que você tem feito ou o que pode fazer para cumprir essa missão?

SEUS PEDIDOS E INTENÇÕES DE ORAÇÃO DA SEMANA

Descreva motivos, situações e pessoas por quem quer rezar.

30º Encontro — Pedro, o primeiro Papa da Igreja

> Quando acabaram de comer, Jesus disse a Simão Pedro: "Simão filho de João, tu me amas mais do que estes?" Ele respondeu: "Sim, Senhor, tu sabes que eu te amo". [...] Pela terceira vez Jesus perguntou: "Simão filho de João, tu me amas?" Pedro ficou triste por lhe ter perguntado três vezes "tu me amas?" e respondeu: "Senhor, tu sabes tudo, sabes que eu te amo". Disse-lhe Jesus: "Apascenta as minhas ovelhas". (Jo 21,15.17)

LEIA e MEDITE o texto de Jo 21,9-19.

As três perguntas que Jesus faz nos recorda das três vezes em que Pedro o havia negado. Entre os dois acontecimentos encontramos um homem (Pedro) que amadureceu e aprendeu a reconhecer suas limitações, e que sabe não poder ser fiel a Deus sem a ajuda de Cristo. Pedro é convidado a pastorear o rebanho do Senhor, sendo o primeiro Papa da Igreja.

É hora de PENSAR
e REGISTRAR o meu encontro

» O amor que Jesus sente por nós é representado pela palavra de origem grega: ÁGAPE. O que significa esse termo?

_____

_____

_____

» Por que Jesus disse para Pedro pastorear o seu rebanho?

_____

_____

» O que significa a palavra Papa e quem é o atual sucessor de Pedro hoje?

_____

_____

» Hoje, Jesus também pergunta a cada um de nós: "tu me amas?". Qual está sendo a sua resposta a Ele?

SEUS PEDIDOS E INTENÇÕES DE ORAÇÃO DA SEMANA

Descreva motivos, situações e pessoas por quem quer rezar.

31º Encontro — Os discípulos de Emaús

Enquanto conversavam e discutiam, o próprio Jesus se aproximou e pôs-se a acompanhá-los. [...] Perguntou-lhes então: "Que conversa é essa que tendes entre vós pelo caminho?" [...] E, começando por Moisés e por todos os Profetas, foi explicando tudo o que a ele se referia nas Escrituras. [...] E aconteceu que, enquanto estava com eles à mesa, tomou o pão, rezou a bênção, partiu-o e lhes deu. Então, abriram-se os olhos deles e o reconheceram. (Lc 24,15.17.27.30)

LEIA e MEDITE o texto de Lc 24,13-35.

Jesus toma a iniciativa de ir ao encontro e, mesmo sabendo qual era o motivo da tristeza dos discípulos, questiona e pacientemente os ouve. Somente depois disso é que, partindo das Escrituras, Ele lhes fala das profecias a seu respeito. Durante alguns quilômetros de viagem, o Ressuscitado, um estranho a eles até então, consegue prender sua atenção e tocar os seus corações a ponto de, ao chegarem, convidarem-no para entrar e ficar com eles. Jesus entra e parte o pão. Nesse gesto, eles o reconhecem.

É hora de PENSAR e REGISTRAR o meu encontro

» Quais as atitudes de Jesus perante a tristeza e a decepção dos discípulos que iam para Emaús?

_____
_____
_____

» Você sabe identificar em que momentos a tristeza e o desânimo não permitem que reconheçamos a atuação de Jesus em nossas vidas? Cite-os.

» Por que convidaram Jesus para entrar na casa e ficar com eles?

_____
_____
_____
_____

» O que acontece depois que reconhecem Jesus? O que eles fazem?

» O que aprendemos com essa passagem do Evangelho que podemos levar para a nossa missão de anunciadores do Reino de Deus?

SEUS PEDIDOS E INTENÇÕES DE ORAÇÃO DA SEMANA

Descreva motivos, situações e pessoas por quem quer rezar.

32º Encontro — As primeiras comunidades

> Eles frequentavam com perseverança a doutrina dos apóstolos, as reuniões em comum, o partir do pão e as orações. [...] Todos os dias se reuniam, unânimes, no Templo. Partiam o pão nas casas e comiam com alegria e simplicidade de coração. Louvavam a Deus e gozavam da simpatia de todo o povo. Cada dia o Senhor lhes ajuntava outros a caminho da salvação. (At 2,42.46-47)

LEIA e MEDITE o texto de At 2,42-47.

O livro dos Atos dos Apóstolos é testemunha dos primeiros passos dados pelos apóstolos e pelas primeiras comunidades que se formaram. Todas elas se constituíram e se organizaram vivendo a experiência do Cristo Ressuscitado: a convivência fraterna, a fração do pão, a oração, a fidelidade ao ensinamento dos apóstolos e à Palavra de Deus.

É hora de PENSAR e REGISTRAR o meu encontro

» Quais os quatro elementos distintivos da Igreja primitiva que Lucas escreve (At 2,42-47), que são também o ideal e as inspirações de todas as comunidades cristãs? Ao identificar cada um, escreva como você poderá colocá-lo em prática.

1º _____

_____

_____

2º _____

_____

_____

3º _____

_____

_____

4º _____

_____

_____

SEUS PEDIDOS E INTENÇÕES DE ORAÇÃO DA SEMANA

Descreva motivos, situações e pessoas por quem quer rezar.

Encontros da Novena de Natal

Somos comunidade!

Amados catequizandos, queremos ao final dessa etapa propor que façam uma experiência de comunidade, a exemplo das primeiras comunidades. Para isso, sugerimos que se organizem, sob a orientação do catequista, para se reunirem e rezarem juntos a Novena de Natal.

Propomos que a turma seja dividida em pequenos grupos; cada grupo organizará e preparará um encontro da Novena.

Para os encontros da Novena poderão convidar seus familiares e amigos para participar.

Lembrem-se: o local e o horário deverão ser definidos com antecedência, para permitir o início nove dias antes da vigília do Natal. As informações podem ser anotadas no quadro abaixo.

DIA	DATA	HORÁRIO	LOCAL	RESPONSÁVEIS
1º	15/12			
2º	16/12			
3º	17/12			
4º	18/12			
5º	19/12			
6º	20/12			
7º	21/12			
8º	22/12			
9º	23/12			
Natal	24/12			

II Parte

Meu Domingo

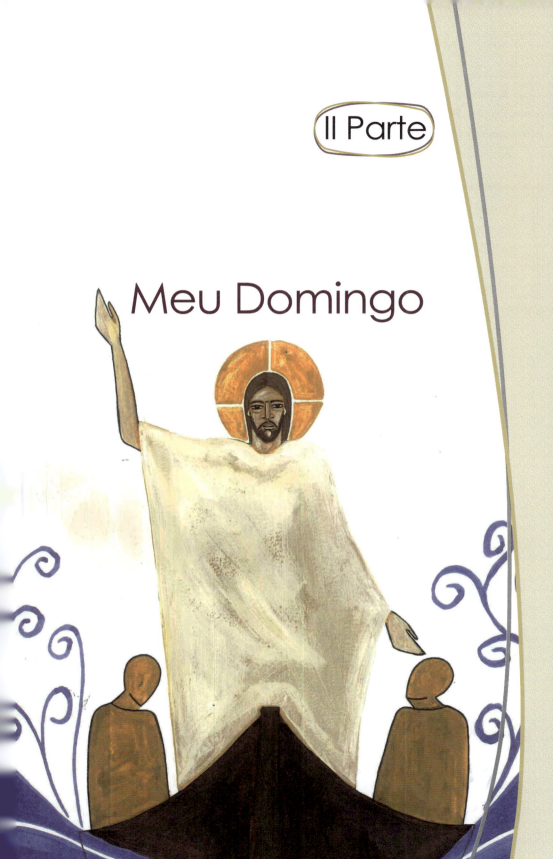

A reunião em comunidade para ouvir a Palavra de Deus e partir o pão (celebração da Eucaristia) deve sempre provocar uma reflexão e transformação em nossa vida, no nosso jeito de ser e agir.

Diante disso, nos quadrinhos a seguir, referentes a cada domingo do mês, anote a mensagem ou palavra que ouviu na celebração e que o ajudou a refletir. Pode, ainda, anotar uma atitude ou mudança que lhe provocou e inspirou a colocar em prática.

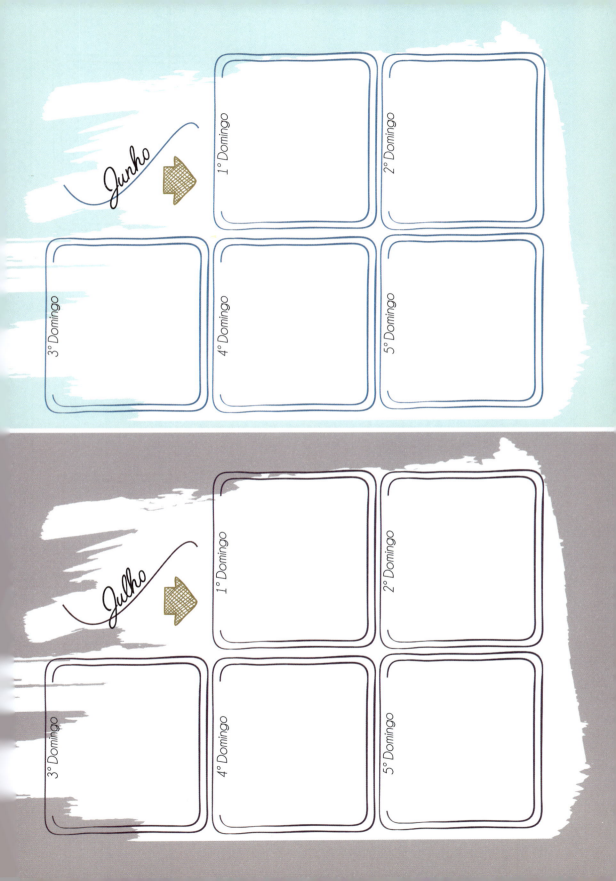

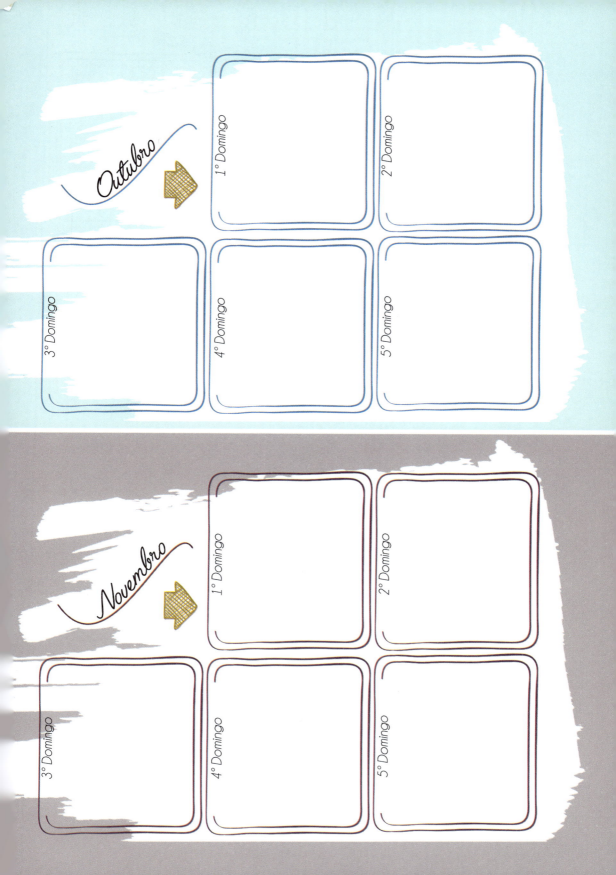

Conecte-se conosco:

 facebook.com/editoravozes

 @editoravozes

 @editora_vozes

 youtube.com/editoravozes

 +55 24 2233-9033

www.vozes.com.br

Conheça nossas lojas:

www.livrariavozes.com.br

Belo Horizonte – Brasília – Campinas – Cuiabá – Curitiba
Fortaleza – Juiz de Fora – Petrópolis – Recife – São Paulo

 Vozes de Bolso

EDITORA VOZES LTDA.
Rua Frei Luís, 100 – Centro – Cep 25689-900 – Petrópolis, RJ
Tel.: (24) 2233-9000 – E-mail: vendas@vozes.com.br